NOTE

VENUE DE LA RUSSIE;

SUR LES AFFAIRES D'ESPAGNE;

CE QU'IL SERAIT BON D'EN PENSER.

A PARIS,

CHEZ TOUS LES MARCHANDS DE NOUVEAUTÉS.

15 août 1820.

DE L'IMPRIMERIE D'Anth^e. BOUCHER,
SUCCESSEUR DE L. G. MICHAUD,
RUE DES BONS-ENFANTS, N°. 34.

NOTE VENUE DE LA RUSSIE

SUR LES AFFAIRES D'ESPAGNE ;

CE QU'IL SERAIT BON D'EN PENSER.

L'analyse de la situation actuelle de l'Europe, amène la question suivante :

« Les peuples *qui lisent*, qui se considèrent comme étant exclusivement civilisés, et qui se flattent *de l'étendue progressive de leurs lumières,* sont-ils plus puissants, et plus stables, dans leurs constitutions sociales, que les peuples *qui ne lisent pas*, qui ne se croyent pas *exclusivement éclairés,* et chez lesquels les institutions sont restées les mêmes pendant une longue suite de générations ? »

Ce problème va devenir inévitablement l'objet de la méditation de l'Europe.

Certes, la France, qui se considère comme la première dans le rang des nations éclairées, n'a pas, depuis 3o ans, à se vanter de la stabilité de ses institutions politiques. La foule des chartes qui lui ont été imposées, les diverses natures de gouvernements qu'il lui a fallu subir, les convulsions sans nombre auxquelles elle a été livrée, ne lui permettent plus de s'abuser sur les avantages qu'elle a perdus, et qu'avec tant d'acharnement elle s'est elle-même attachée à détruire.

L'Angleterre n'est guère en meilleure situation ; mais elle supplée à tout *par l'habileté de ses manœuvres.*

L'Espagne vient de se mettre en révolution.

Autant en a fait *la Sicile continentale.*

Autant se proposent d'en faire *les divers états de l'Italie.*

L'Allemagne n'est pas autrement dépourvue de *doctrinaires*, de *philosophes*, de *libéraux*, de poignards et de volonté d'insurrection.

Voilà *pour les peuples qui lisent :*

Ceux des vastes contrées du Nord, attachés à leurs cultes, à leurs usages, à leurs souverains, et même à leurs préjugés, n'ont pas *de livres*, ne se doutent aucunement *du progrès des lumières*, et trouvent dans la maintenue de leurs vieilles institutions la somme de tranquillité et de bonheur à la portée des desirs et des efforts de l'homme.

Il arrive cependant à ces peuples, chaque fois que les événements leur en offrent les occasions, de céder à une disposition physique qui pousse la population du Nord vers les contrées du midi.

Ces périodes d'invasions ont, à diverses reprises, repeuplé certaines parties centrales et méridionales du continent européen.

Les habitants de quelques provinces de France portent sur leurs physionomies le type de cette origine; c'est-à-dire, que ces provinces, veuves, depuis des siècles, de leurs habitants primitifs chassés du sol natal par des convulsions dont la mémoire s'est perdue dans la nuit des temps, retrouveraient les dépouilles mortelles de leurs aïeux dans les rochers de la Norwége, au milieu des glaces de la Finlande, et sur les rivages des lacs, des grands fleuves et des méditerranées qu'entretiennent les fusions périodiques des glaces polaires.

A quels événements, à quelles convulsions, à quels audacieux conquérants l'Europe centrale et méridionale est-elle redevable de ces transmigrations ?

L'histoire ne jette que peu de lumières sur ces vastes événements. Il en est en effet, de l'histoire, comme des autres productions des sciences et des arts libéraux qui ne se renouvellent que dans le silence de la paix. Les muses fuyent les champs de bataille.

Trois apparitions d'armées septentrionales, depuis vingt ans, dans nos contrées, ne justifient que trop parfaitement mes assertions. Ne sommes-nous pas aujourd'hui dans la position d'en redouter *une quatrième ?*

Le souverain des rives de la Newa, demande au roi d'Espagne comment il est arrivé qu'une poignée de novateurs aient pu dernièrement, et avec autant de facilité, bouleverser les constitutions espagnoles, ébranler le trône, mettre en problême la puissance du prince, et substituer des éléments d'anarchie aux bases fondamentales de cet antique gouvernement.

Tel est l'objet de la note sortie du cabinet impérial de St.-Pétersbourg, rédigée sur les communications officielles du chevalier de Zéa, datée du 20 avril dernier, publiée dans la Gazette de Milan, et, de-là, produite dans nos journaux depuis quelques jours.

A travers les expressions les plus modérées et les insinuations les plus précautionneuses, il est facile de remarquer le principe d'une inquiétude fondée, et le pressentiment de mesures qu'on serait disposé à prendre, soit pour se garantir de la contagion, soit pour tenter la destruction du mal sur le terrain même qu'il occupe.

(6)

Ce n'est donc point au hasard qu'après avoir dit dans cette note *que les institutions qui émanent du trône sont conservatrices, tandis que celles qui naissent au milieu des troubles ne produisent qu'un nouveau chaos*, il ait été ajouté : *Que c'est maintenant au gouvernement de la péninsule à juger, si des institutions imposées par un de ces actes violents..... (funeste héritage de cette révolution contre laquelle l'Espagne avait lutté avec tant d'honneur)..... peuvent assurer le bien que les deux mondes attendent de la sagesse de S. M. C., et du patriotisme de ses conseillers.* La note se termine par cette phrase : *La route que l'Espagne choisira pour atteindre cet objet important, les mesures qu'elle emploiera pour effacer l'impression produite en Europe par l'événement du mois de mars, détermineront la nature des relations que S. M. I. doit entretenir avec le gouvernement Espagnol, et la confiance qu'elle souhaiterait de lui témoigner toujours.*

Si l'on considère la marche actuelle du gouvernement espagnol et l'empressement avec lequel il travaille à consolider *les suites de l'événement du mois de mars* dans l'intérêt des meneurs de cet événement, à coup sûr, on sera forcé de reconnaître que ce gouvernement *préfère les institutions qui naissent au milieu du trouble et ne produisent qu'un nouveau chaos, aux institutions conservatrices qui émanent du trône*, et qu'il a jugé que *des institutions imposées par un acte violent, doivent amener le bien que les deux mondes attendent de la sagesse de S. M. C. et du patriotisme de ses conseillers.* Enfin, l'on pourra pressentir *la nature des relations que S. M. impériale va désormais entretenir avec le gouvernement espagnol, et le degré de confiance qu'elle se propose de lui témoigner à l'avenir,* d'après la disposition actuelle de ce même *gouvernement, à maintenir les impressions produites en Europe par l'événement du mois de mars.*

Il est à propos de remarquer que la note considère *la constitution récemment imposée à l'Espagne par un acte violent, comme une conséquence immédiate de la révolution française, de cette révolution contre laquelle l'Espagne elle-même,* ainsi que le dit la note, *a lutté avec tant d'honneur!*

Profitant de la facilité que nous donne la Charte royale d'examiner avec toute liberté les incidents de toute nature qui peuvent influer sur notre situation, nous demanderons si, dans l'événement du mois de mars dernier, tel qu'il est commenté par la note venue de St.-Pétersbourg, il n'est pas tout simple de discerner le principe d'un orage politique qui menacerait le midi du continent.

A coup sûr, la réponse à la très civile interpellation de la cour de Russie, soit quelle vienne du roi d'Espagne, soit que *les Cortès* l'inspirent, sera très peu propre à calmer les inquiétudes manifestées dans l'écrit dépositaire de cette interpellation.

Il faudra convenir, à moins d'entreprendre de nier l'évidence, *que loin d'abandonner des institutions nées au milieu des troubles, produites par un acte violent et ne pouvant amener qu'un nouveau chaos,* l'on ne travaille au contraire à Madrid qu'à en étendre les succès et en affermir les résultats; que le gouvernement espagnol, cherchant à se placer dans une position diamétralement opposée à celle désirée par la note, dédaigne *les institutions qui émanent du trône*, quelque *conservatrices* qu'elles puissent être; que, par conséquent, et en raisonnant dans le sens de la note, ce gouvernement *s'éloigne volontairement du bien que les deux mondes attendent de la sagesse de S. M. C. et du patriotisme de ses conseillers*; que, par cette conduite, *loin d'avoir effacé*, il a au contraire corroboré l'impression *produite en Europe par l'événement du mois de mars*; ce qui ne peut manquer *de modifier de la manière la plus sinistre la nature des relations que S. M. impériale doit entretenir avec le gouvernement espagnol, et réduire dans le même sens le degré de confiance qu'elle voudrait lui témoigner toujours.*

Le style des reproches, ou plutôt des griefs, se nuance suivant les classes de la société : extrêmement positif et énergique dans les rangs vulgaires, son amertume disparaît dans les relations diplomatiques. Elle y est presqu'inapercevable. Il faut la rechercher avec soin et peser chaque expression, pour parvenir à en faire la découverte.

Comme toute démarche de cette importance a nécessairement un principe et un but, il est bon de rechercher ce qui a pu inspirer la note dans la conjoncture actuelle.

Le principe de cette inspiration s'offre à tous les regards.

Les auteurs des troubles de Naples n'ont-ils pas imposé *au monarque des deux Siciles* la condition d'adopter aveuglément la constitution des Cortès sans y changer un seul mot?

La faction *des Carbonari* ne se propose-t-elle pas également de l'inoculer *dans les diverses contrées de l'Italie?*

Cet événement n'est-il pas applaudi avec ivresse

par *les libéraux* de la France *et les radicaux* de l'Angleterre?

Qui sait ce que trament *les réformateurs et les illuminés de l'Allemagne?*

Enfin, de proche en proche, cet incendie progressif se rallumant aux flambeaux mal éteints *de la Pologne*, ne peut-il pas s'étendre jusque *sur les rivages de la Baltique* et *du Niémen* ?

Ne menace-t-il pas de nouveau *l'antique capitale de la Moscovie* ?

Les sicaires et les zélateurs de la Propagande, ne se sont-ils pas promis la subversion de l'Europe et de toute la surface du globe ?

Il va donc s'établir une lutte entre les dépositaires des moyens conservateurs de l'ordre social, et les créateurs des moyens de destruction de ce même ordre.

C'est une guerre qui va naître entre les rois et les fauteurs de l'anarchie.

Les rois disposent leurs armées; les anarchistes propagent leurs doctrines.

Le mal est trop grand, trop profond, trop gangreneux, pour espérer d'y remédier par de tardives et impuissantes controverses.

Les institutions émanées du trône sont repoussées; *celles produites au milieu des tempêtes politiques* leur sont préférées! c'est *le chaos* qu'implore l'opposition! c'est la destruction de tout contrat social qu'elle considère comme la conséquence du discrédit dans lequel est tombée la morale évangélique! c'est la dissolution de tous les liens qui constituent le pouvoir légitime après lequel elle soupire!

Faut-il le dire franchement? Faut-il répéter ici le cri ténébreux et universel des anarchistes de tout pays? *Plus de Dieu, plus de morale, plus*

*de justice, plus de prétres, plus de nobles, plus.
de rois?*

Tel est, en style lapidaire, l'abrégé des doctrines
répandues dans les pamphlets de l'opposition!

Malheureusement ces grandes vérités, que nous
proclamons sur le volcan prêt à s'ouvrir, ont une
peine étrange à pénétrer jusque dans les cabinets
des rois !

Vivent l'erreur et la flatterie pour y recevoir
bon accueil !

Cette pauvre vérité ne trouve là, ni organes,
ni partisans.

Elle nuit à tant de vils intérêts! elle dérange
tant de petits calculs! elle contrarie si vio-
lemment le sommeil de la paresse et l'entraî-
nement de l'habitude !

N'a-t-il pas fallu quinze années de calamités et
d'humiliations pour déterminer les chefs des nations à combattre simultanément ce soldat qui
porta, pendant ce long espace de temps, le fer ,
la flamme et les crimes de toute nature sur tous
les points du continent ?

A Dieu ne plaise que je sollicite des événements
semblables à ceux de 1814 et 1815 ! Je ne me par-
donnerais jamais de former un vœu dont l'accom-
plissement tendît à faire tomber un cheveu de la
tête du plus obscur de mes compatriotes ; mais je
dirai hautement que nous sommes menacés d'un
nouveau malheur; qu'il est encore possible de le
conjurer; mais qu'il importe de verser prompte-
ment le baume sur la plaie, de cautériser de pro-
fondes blessures, et d'abandonner ce malheureux
système de transaction, ces impulsions basculaires
qui n'ont servi qu'à irriter le mal.

Je soutiens qu'il faut renoncer franchement à
cette manie plus qu'imprudente d'attendre de ses

ennemis ce qu'on ne peut espérer que de ses vé-
ritables amis ; que les méchants ne sont jamais
subjugués par les bienfaits ; et que les ennemis de
la monarchie légitime n'ont, à eux tous, qu'une
seule pensée, celle de mettre à profit les dons
mêmes du prince pour le renverser de son trône.

Du moment que la monarchie ne sera soutenue
que par les amis de la monarchie ; que les doctrines publiées par la voie de la presse ne tendront
qu'à faire respecter le monarque, la religion et la
justice ; que toute controverse sera bannie sans
retour et sans concessions ; l'opposition tombera
visiblement partout.

Ce premier effet produit, nous verrons dispa-
raître les maux qui nous accablent, et ceux dont
nous sommes menacés.

Mais hâtons-nous ! nous n'avons pas une minute
à perdre ! prévenons le regret mortel de n'avoir
apprécié des avis sages, que quand il sera de-
venu impossible de les suivre !

FIN.

P. S. Ces réflexions étaient destinées à être publiées dans *le Mercure Royal*, ouvrage périodique faisant suite au *Parachute Monarchique*, pour lequel ou souscrit rue Saint-Honoré, N°. 290. Le retard qu'eut éprouvé leur insertion dans ce recueil, a déterminé leur auteur à les publier séparément.

Dans l'intervalle, les pressentiments qui y sont développés out été justifiés en partie, par une nouvelle note du cabinet de St.-Pétersbourg, adressée à ses propres ministres.

Cette note qui circule publiquement, mais dont les journaux n'ont pas encore donné connaissance, même par extrait, aurait pu fournir à l'auteur de cet opuscule, matière à de plus grands développements. Il attendra, pour en faire la matière d'un nouvel article, que le *Mercure Royal* puisse les recevoir.

19 *Août* 1820.